EL INCENDIO JUNTOS

EL INCENDIO JUNTOS

MARIANO PEYROU

CAPITANES
COLECCIÓN DE POESÍA

9/10

Nautilus
EDICIONES

EL INCENDIO JUNTOS
Primera edición: abril 2024

© De los poemas: Mariano Peyrou
© De la fotografía del autor:
© Del diseño de cubierta y maquetación: Nautilus Ediciones
© De la selección de poetas y coordinación editorial: Samuel Trigueros
   Nautilus Ediciones
   nautilusedicioneshn@gmail.com

ISBN: 978-84-10241-19-0
Depósito Legal: Z 721-2024

Impreso en España, Unión Europea

MARIANO PEYROU
(Buenos Aires, Argentina, 1971)

Vive en Madrid desde 1976.

Sus últimas publicaciones son los libros de poemas *El año del cangrejo* (Pre-Textos, 2017), *Posibilidades en la sombra* (Pre-Textos, 2019) y *Diciembres iniciales* (Pre-Textos, 2022); las novelas *Los nombres de las cosas* (Sexto Piso, 2019) y *Lo de dentro fuera* (Sexto Piso, 2021); y los ensayos *Tensión y sentido. Una introducción a la poesía contemporánea* (Taurus, 2020) y *Oídos que no ven. Contra la idea de música intelectual* (Taurus, 2022).

EL GESTO UTÓPICO

Alegre ante la posibilidad
de luchar por lo que creo sin el
habitual esfuerzo ético, me dispuse
a disfrutar de la que más
me gusta. Salimos a la terraza
con el sacacorchos y dos sillas
y decidimos empezar.

Limpios, tranquilos, por encima
de todos los tejados, nos quedaremos
con la mirada fija en el silencio
o en alguna palabra que equivale
al misterio de tener que despedirse
hasta muy pronto, a las noches pasadas
contemplando el incendio,
juntos, distintos, frente a una ventana
por la que nunca nos asomaremos
a la vez.

CHICAS DE PELO CORTO

Se oyó una voz que pedía agua.
Era yo. Era una de esas noches
completamente orientales. Un amigo
preguntó, angustiado, si había algún
guionista en la sala.

Esa será mi consigna para momentos de crisis.

Todos comenzamos a interpretar,
aprovechando las últimas vacaciones.
Mientras tanto, no lejos de ahí
entrenaba el equipo femenino.

Y vuelta a empezar. ¿Qué más
hace falta para hablar del peso?
Entonces se levantan los objetos alados,
las moléculas, todo está hecho
de contrastes como si fuéramos románticos.

No era tan difícil. Salió a la primera.
Creo que tú me ponías nerviosa.

PREPARACIÓN PARA UNA DESPEDIDA

A lo mejor encuentras aquí tu dosis
de tradición. No estoy hablando en clave,
sólo digo lo que no hay.

Llévatelo todo. Cualquier mañana me va bien
si dispongo de un buen vestuario
y la respiración no falla. Tengo que agradecer

a mucha gente, tanta que ellos saben
quiénes son. También está la culpa,
el deseo por alguien que duerme al lado

o desea como si durmiera. Y me pesan la muerte
y otras enfermedades. Fue tan hermoso
como lo que está por acabar.

RECHAZO

Hay una buena distancia entre las frases,
un silencio o abismo por el que asciende
la impaciencia. Es por la emoción.
Dejó un mensaje bellísimo, de amor
moderno, como una antigua
manzana en el contestador.

Como si los azules hubieran transformado
el brillo. El deseo de ser
venció a los demás deseos, así
se despliega una bandera, queden
fuera del campo de visión los efectos,
las uvas. Lo sabía.

HE TRATADO DE SER LEVE

Subo y abro la puerta, estoy
muy inspirado. Aquí
falta algo. Es mediodía,
no tengo ganas de seguir
con el recuento. Los marineros,
los antiguos cazadores, una bizca
preciosa que escapó en el último
escalón, todos sabían manipular
sus barajas. He tratado
de suavizar mis tendencias naturales.
Un animal infalible espera que suene el disparo.
En lo más alto, comienza la carrera.

EL PLACER

Para poder dormirse, intenta recordar
todas las veces que estuvo en París.
Cuando olvida alguna, muere un animal
doméstico, o se seca
una planta en la terraza.

Ahora necesito aire, diría
si dominara el francés o cualquier lengua
moderna, para no pensar, para al menos
mantenerme en pie hasta el próximo
capítulo. Si me contaras otra mentira...

No importaba nada que se hicieran novios
y se ahogaran en el río,
pero me recomendó por escrito
que me concentrara en el libro y dejara
de mirar a la lectora de enfrente,
que se acariciaba el pelo como si se fuera a ahogar.

INICIACIÓN

No conviene decirlo, pero el motivo
para ingresar en la academia del norte
era poder ver a los modelos
vivos. Allí se exploran las conexiones
entre la filosofía y el robo. Cuántas
veces tuve que escuchar esas alegorías,
concebidas para mostrar
que es difícil modificar
la rutina, pero mucho más
difícil es enfrentarse al miedo.

Yo mandaba un mensaje que iba pasando
de mano en mano hasta llegar
a su destinataria. Después de la sonrisa,
por ejemplo, volvía, semejante a una ola
de esperanza, con un signo de interrogación
escrito a lápiz. Siempre fascina
a los expertos, que ven
en estos gestos iniciales una excusa,
distinta cada vez,
para revisar varias teorías.

PRIMER AMANECER

Lo de antes no está
frío ni vencido; arde en un círculo
alrededor de la hoguera, sentados
reflejando las estrellas en una
casa de campo después de que,
como por azar, apoyara lentamente
la cabeza en algún lugar ideal
de mi cuerpo. Lamimos
todo el horizonte, al día siguiente,
escuchando una canción que ya
entonces era antigua. Y cuando
hubo que desatar los demás
nudos, nadie supo que podía
contar con nuestra ayuda
pero estábamos ahí,
diciéndolo todo.

LA ANGUSTIA

En este mismo punto se sienta ella
cada noche, regulando el movimiento
de la luna para ocupar las casillas
vacías, aún impensables pero activas.
Dentro sólo hay expectación.

El problema de hablar del deseo es darlo
por único cuando se conoce la quietud
y todo se mueve alrededor, desplazando
lo que se ve, una bebida roja,
hacia el afuera, hacia dentro de un
año: no ver las cosas sino
a través de ellas, las vidas
que no vivimos, siempre el crepúsculo,
escribiéndolo todo de camino al trabajo.

O en un lugar fabuloso de cuya fundación
contaron la historia, que olvidé el otro
día. No se podía hablar
sin llorar; los placeres
están vedados a lo oral
y el más agradable me estremecía
desde el principio de cada
incursión. Sólo la música
de la adolescencia nos hará revivir
esas sensaciones, tan mareados.

EL DISCURSO PASIONAL

La luna obligatoria, prohibido
el reflejo, prohibida
la luz del mediodía.
Obligatorio el musgo,
obligatorios el paso y el abismo.
El cielo obligatorio y el infierno
opcional. Lo contingente
prohibido, la paciencia prohibida
y la contabilidad. ¿Lo provisorio? Depende,
pero nunca opcional. Obligatorio
el velo, obligatorio despojarse del velo,
la llave obligatoria o prohibida.
Los fundamentos prohibidos, vuelo integral,
tensión obligatoria. Opcional el recurso a lo
biológico, opcional el empleo de tristezas,
opcional el de la analogía y otros síntomas.
La gota prohibida,
obligatorio el mar.
La herida obligatoria y la sangre
tampoco, circulación total y sin embargo prohibido
mencionar la mitral o la tricúspide.
Prohibida la ley, prohibido
redactar el contrato vigente, prohibidos los ojos
en sus órbitas y en órbitas extrañas.

El discurso opcional obligatorio.

SIESTA ESTIVAL

Hay tres posibilidades: alcanzarse
mientras dura, justo después, exactamente
antes. El deseo, una flecha
que vuela hacia lo que no hay,
entra en la habitación por las rendijas
de las contraventanas, como el sol
de la calle y del cielo y de
antes. Siempre
fue así: el sol entra hecho trizas
y yo observo las modificaciones
que produce en la piel, cómo
flotan las partículas a través de
sus rayos, visibles un instante
a través de la tarde. Siempre,
aun cuando todavía yo sabía dormir.

La contemplación de esta clase
de espectáculos, que se da en la frontera
de lo interior y lo exterior,
que traza esa frontera a través
de mi cuerpo, no me priva
de respirar ni de fingir,
de imaginar un diálogo,
de acompañar a mis frecuentes invitados;
tres o más actos pueden darse a la vez.

¿A la vez? La caricia y la imagen
de la calle y el sol hace unos
años son simultáneas pero son
también causa la una de la otra,
el sol y la rendija
(la percepción del sol y la rendija);
lo que se toca en este
instante recibe los flechazos de antes,
que impactan sobre una única decepción.

Es lo que se entrelaza lo que
perturba, los acontecimientos cuyo lazo
era y sigue siendo imprevisible,
cuyo lazo queda fuera del campo
de la inteligencia y de la memoria;
la insistencia solar en este espacio
mío, desconocido en el
momento en que algo dura y somos
lo de antes y después.

A través de las fronteras se reúnen,
y mueven las fronteras y cambian las distancias
hasta que la penumbra nos abra
o nos cierre los ojos
y haya que ponerse a caminar.

Días futuros, marcas
de los otros, consecuencias de proyectos
inconclusos; soy eso
y poco más, ahí vivimos,
donde nadie puede llegar solo.

Esta tarde está lejos. El contacto, lo que
sigue, lo que precede, son tres formas
de alcanzarse esta tarde,
de volver a ser yo con lo que
hay y no hay, miro y no veo.
Otros ratos, más cercanos cuanto más
irrepetibles, flotan entre mi cuerpo
y mi ventana.

Me estiro, trato
de ocupar la mayor superficie posible
de la cama, con todo el cuerpo
extendido y clavado contra el
cielo. No se puede saber
si estoy solo o con alguien.
Cada cuerpo pesa sobre otro
cuerpo, cada imagen
gastada y renovada del sol
y de la calle tiende sobre mi
cuerpo su valor y su angustia.
Resulta inevitable apostar por el
vínculo, reconocerlo aquí, en todo
acto, investigarlo como si se pudiera
concretar. Valor y angustia
y vínculo: verdades fugitivas,
tardes que se suman y multiplican
la incertidumbre, único modo
de calcular el peso de sus
soles, de la luz indirecta en que
flotamos a través de recuerdos
parcialmente inventados, de
las palabras y los cuerpos que hubo
y hay, múltiples sensaciones

que confluyen ahora en un contexto
que es, también, parcialmente inventado.

Acariciando el mundo con sus
huellas, alguien se estira a mi lado
y desafía una costumbre o una forma de pensar.
Es la suma, la
multiplicación del pasado y del
ansia, del hueco que el placer
abre adelante. Unas plantas, traídas
de otra vida, respiran en la misma habitación.

Un niño corre por la calle.
Es la prolongación de un sueño.
Esta gota de saliva es la
prolongación de una curiosidad, de un
impulso hacia el vínculo y la niebla.
Y todo eso desemboca en el sueño,
en el momento de caer y ascender
por las paredes uterinas del sueño,
vigilándolo todo y sobre todo
las fronteras y sus puertas ilusorias.
Será triste y redondo como el sol,
como el fuego.

Casi podrían incendiarse
las contraventanas, pero ahora están
lejos y oscuras y ya son un recuerdo
aunque sigan filtrando la luz;
incendiarse, pero ahora desde
dentro (si es que hay afuera),
desde donde nacen la saliva y el miedo,
la esperanza y la tentación de abandonar.

Recuerdo de las siestas que
vendrán, el verano tiende y clava
la ansiedad del calor y su impulso
hacia el invierno. Suenan sus pasos
por la calle y me despiertan en
todas las otras tardes, el niño
corre como si supiera quién
es, qué es no correr,
en qué se diferencia de mí,
de qué frontera vienen sus ganas
de alcanzarse y resumir el mundo,
describirlo, tocarlo.

TEORÍA

Ése es el juego maravilloso: que
parezca un símbolo, haz que nos arrastre
con la estrategia de un símbolo.
El judo era así, también
la seducción: aprovechar la fuerza, el movimiento
del otro, sus ganas de soñar, sus
carencias, su proyección de imágenes-misterio
en una pantalla que se desplaza siempre
hacia los actos. Manejamos sólo unos
recipientes opacos donde no hay más
que cierta capacidad para el juego,
y eso no es poco. El texto
no es simbólico, lo que es simbólico
es el lector.

Adoro la teoría porque tengo miedo
de lesionarme.

La práctica es para los perros,
que pueden acoplarse a la vista
de todos. Dales un pelotazo
a esos perros.

La práctica es posible. La teoría
es utópica o al menos delirante,
y la adoro por eso.

Sufrí mucho saltando por las piedras ásperas
de la costa con una novia rubia
y robada de la mano. Escupía
la espuma sobre aquellas rocas abrasadas
por la erosión y uno se imaginaba la piel de
las ingles ensangrentada y la sal
de las curaciones y el ardor y a una
madre llorando y toda la ilusión y la energía
invertidas en ese cuerpo, en ese
recuerdo hinchado y espantoso.

UNA FASCINACIÓN

Abstracto es lo concreto
fuera de contexto; la mirada
actual ha convertido todo el pasado
en una inmensa expectativa frustrada
e indefinida.

Unos crecen deseando salir del hogar
para no regresar nunca. Otros asumen
que lo que se mueve y duele no es
interior y por eso levantan más
paredes. Yo aspiraba a eludir
este dilema pero no lo he conseguido,
y en general no hago nada; espero
a que lo desconocido venga a buscarme.

Ahora estoy sentado en un descapotable
tuyo, con la boca
repleta de sabores y argumentos,
temblando de deseo, con los
oídos y el sistema nervioso llenos
de destellos y recompensas, medio
esperando y medio colmado,
un conjunto de imágenes tan
satisfactorio que el goce, todavía
en proceso, pierde importancia
hasta desaparecer.

Lo quieto y lo agitado,
lo filoso y lo suave, lo
luminoso, la saliva y la sangre
ahora crecen y se encuentran,
toman forma y ruedan, se
deslizan o vuelan. Es una clase
de ternura que me devuelve
a mi madre o a mi padre.
El otro había retrocedido cuarenta
mil años de evolución de su especie
y estaba dispuesto a abrir una cabeza
con una piedra con tal de oler una flor.

Hay un equilibrio que se rompería sin mí.
Estoy conteniendo todos los sentidos,
la respiración no, la
fotosíntesis no, tampoco
el abatimiento erótico del
corazón; grave o agudo,
afiliado a los diversos órganos
del vientre y a las coordenadas
espléndidas de la imaginación,
el otro domina un área
donde no cabe nada más,
iniciático, sentimental sin
referente, austero etiquetando
líquidos, rezumando placer
donde hay placer y duelo,
aunque aquí no haya duelo
ya que apenas hay memoria.

El ojo tiene memoria, modela
lo que quiere proyectar,
hace suyo lo que alguna vez
tuvo, actualiza los ojos de su
propio pasado y suplanta y
ordena y tiñe y rompe,
asegurando siempre su certeza
imperfecta, fingiendo su camino
hacia el contraste o el matiz.

Complejo es lo sencillo demasiado
cerca; me alejo, busco una sensación
de irrealidad. Es mi manera de
sentirme vivo. Ahora
robaría y atesoraría cualquier
cosa, una goma para el pelo,
algo que te transporte y te
retenga dentro de mí, que invoque
a la energía de la metonimia.

Parece que es contigo, la
fascinación, pero descubro que en
realidad es con el otro.
Sus problemas son las leyes y las
instituciones; el otro no tiene
otro, así se define, eso
lo caracteriza, está solo, logra
estar siempre solo, ni
triste ni contento, no mide
la felicidad, actúa
sin pasado, no
sabe contar.

EL IDEAL

Tiene algo ajeno: se expande
desde los rincones de los otros
con una fuerza purificadora, la
divinidad, la emoción que sólo
puede transmitirse por medio de
una imagen incompleta de las
cosas. Nada importa
la verdad, de nada
sirve, sin ese sesgo
que llega desde afuera y que hago mío
trepando por las escaleras que van
de nube en nube, los paseos
por jardines irreales y laberínticos
como esta navegación por una vida
que no es. Tiene algo azul: un
lazo en una bolsa, la marca
de una diferencia, el cristal
sobre el que se desliza cada escalera.
Nubes y ríos, y todo lo que hubo.
Tiene algo nuevo: desprovisto de
significado, cada uno
pendiente de la reacción
del otro para inferir como se
pueda lo que no se puede
preguntar. Hoy estábamos juntos,
sólo funciona si ella rompe
la estructura, pieza que se desliza

hasta la posición que no podría
corresponderle jamás; entonces sí,
el viaje interminable y maravilloso
por los senderos abiertos
de lo compartimentado,
vocabulario imprevisible y único
capaz de conservar la ilusión del amor.
El amor es una estructura lingüística.

Necesitamos canciones, cuentos
que nos comprendan, mitos que articulen
las oscuridades y suavicen las
interferencias de lo real. El rincón
desde el que surge esa necesidad
es donde amanece lo que miro
pero no consigo vivir, alucinado
y vivo quemando las semanas,
los minutos de la oración.
Atravesado por la espera, el
ideal es tiempo que se concentra
como la luz en el cristal de una
lupa, tiempo bien dirigido, tiempo
con un alto grado de densidad,
una pesadilla lenta y compleja
recordada con cada vez menos
intensidad durante todo el
día. Tiene algo
usado: cada mínima expectativa
y su desenlace repiten un modelo
vigoroso y seminal, mi renovada
incapacidad para el olvido y
esa soledad parcial que traigo
desde tan lejos. Todo está

lejos; estar cerca es una forma
de estar lejos.

La distancia me llena de
distancias, me impulsa y me protege
de mis defensas, de las ideas
que me clavan a mi sitio, una hoja seca
clavada a una hoja verde.
Tiene algo sucio: demasiado
significado, trasvases inoportunos,
un perverso sistema de esclusas,
la parálisis. Tiene algo limpio:
un movimiento líquido, garantía
de que no me voy a detener
en ningún sitio, de que
buscar y no encontrar,
dejar atrás,
abajo,
quemar las sensaciones hasta el humo,
estoy ahí entre las nubes,
lo que se busca es no encontrar,
poder seguir buscando.

POSIBILIDADES EN LA SOMBRA
(Fragmento)

Tal vez ese ojo no sea bello,
pero yo lo veo bello porque puedo entrar en él
y verme bello, triste y aceptado,

                                    frágil y pequeño,
volando por encima de las cosas del mundo.

Tal vez ese ojo no me mire como yo lo veo. Yo era
ese ojo. Yo seré ese ojo. Hay otro ojo al lado y
no es igual. Yo no soy ninguno de ellos. La diferencia
que hay entre esos ojos tal vez sea la misma que hay entre
nosotros,

                    cuando tus ojos me miran y yo entro en tu ojo
y veo cosas que no ves, que no hay, el dolor,
el cansancio.

Ese ojo es un salto, una promesa, un hito, como
cerca de las cataratas había un hito, una piedra
que marcaba el lugar de una promesa,
antes de que existiera el mundo
y se rompiera.

Antes de que existiera el mundo y se rompiera
había un jardín, era una foto de un jardín
con una mesa y cuatro sillas, y una
se había caído para atrás. Un terremoto
tira una silla para atrás y eso no está en

tus ojos. En tus ojos hay otros jardines,
no hay tiempo todavía. En tu nariz hay
tiempo, el tiempo sube por tu frente
y no se ve.

Tal vez tu padre pueda meter las
manos hasta las muñecas en un río
de sangre, lavarse las manos en sangre.
Tal vez me cures el miedo, o me inocules
el miedo, pero eso ahora está detrás
y tiene la presencia intermitente del
deseo.
   Todo es aquí deseo, pero
¿deseo de qué? De tiempo, de
sangre, de tener veinte años para
no saber,
      no la energía sino la
deriva de los veinte años;
           deseo
de descansar y de que algo no
termine nunca.

Tal vez el calor baste para apagar
esa pregunta, o el sabor,
o una forma nueva de dormir y mirarse.
O tal vez no se trate de apagar
sino de alumbrar otro sol,
         cuando subes
y bajas sugiriendo otros soles,
otra sangre.
    Nada de esto está
en ti, ahora, ni yo sé nada de
tu miedo o tu deriva. Sé que había una silla

tirada para atrás, en el jardín,
y que tú me miras.

Tal vez en la proximidad destaque
la diferencia. Tus ojos están cerca de tu
boca,
      que se abre o se rompe para que sigan
fluyendo los ríos y abre o rompe la lógica
del miedo. Cuando tu boca se rompe, te creo.
Cuando tu boca se abre, te toco.

Miro fotos que muestran cosas
que no están en las fotos.
                        Hay
alguien esperando y alguien que
camina. Miro la foto y veo
la tristeza de una silla.
Tal vez quieras ayudarme a levantarla
o sentarte en el suelo, a su lado.
Yo quiero darle una patada,
quemarla, sacarla de la foto.

Tal vez podamos bajar al río,
meternos hasta las rodillas en el
río, calzados, para no cortarnos.
Una hora metidos en el río hasta
las rodillas y cambiaría nuestro concepto
de esperanza. Mi concepto de esperanza
tal vez se parezca al tuyo como
un río se parece a su valle
o a su catarata, o como este río
se puede parecer a tu boca
                      cuando

no la miro o cuando estamos
metidos hasta las rodillas en el río
una hora. Es raro, lo de los parecidos,
cuando hay un río en medio
o veinte años. Desde mi orilla,
el concepto de esperanza está gastado,
pero la esperanza no; desde la tuya,
todavía no ha acabado de formarse.
En eso se parecen, como no mirarte
se parece a rozar
                          tu boca,
o un río se parece a verlo desde lejos.

y activo, ilusionado, nuevo.

CONVIVENCIA (2022)

Parecen más, pero sólo
son doce meses. En enero
nos miramos un rato: un laberinto no para salir.
En enero te espero / como cada febrero,
le escribí a la amiga que me escribe,
y febrero sube y baja, baja
y sube, da luz a una esperanza y la
inestabilidad nace en seguida, cuando
llega marzo, cuando miramos atrás
suponiendo y creyendo que ya ha pasado algo:
la ilusión de que lo insignificante significa,
todo parece inflado como el tiempo.
En abril nos miramos
un rato, miramos lo que pide
no ser visto, vemos lo que no queríamos
mirar. Pasan las encinas y los verdes del campo,
lo lejos-cerca de mirar el campo desde un
tren, porque se mueve, o desde un collado,
porque está alto. Mayo vuela hacia atrás
y me propone mi mejor autorretrato:
melancólico y risueño. Vuelo hacia
mayo, mayo vuela hacia ti, tú
miras. Dos más dos son
junio, seis por tres son junio, logaritmo
en base junio y no quiero ni sé
seguir, pero se trata de seguir, la esperanza
con su aritmética sexy. Ahora

nos fijamos en un detalle mínimo
que marca la diferencia entre lo igual
y lo diferente, o que los iguala: julio
cae con su invierno y asciende
con su asombro, mi asombro, tu
desilusión. Julio acaricia y rasca.
Julio olvida, tiembla con su siempre-nunca
y su agosto, cuando te suelto, me
sueltas, y así podemos soltándonos retroceder
hasta septiembre. Septiembre lleno de
meses, de años, cuenta meses hacia
atrás, cuenta años hacia adentro.
La marea de octubre trae de todo: un
zapato de antes de que se inventara el pie,
una red, una botella llena de mar y de octubre.
Paseo por la orilla de octubre metiendo
los pies en la red a ver qué pasa. No
quiero pedir ayuda y no sabría.
Amargado y cobarde es ahora
mi mejor autorretrato, renovado en
noviembre, y toca morir en secreto: todos
sabemos hacerlo, sabemos también nacer
de nuevo preparándonos para el final,
esquivar el final y mirarnos otro rato soñando
con lo que vemos y se acerca lejos.

Procedencia de los poemas:

-«El gesto utópico», «Chicas de pelo corto», «Preparación para una despedida», «Rechazo», «He tratado de ser leve», «El placer», «Iniciación», «Primer amanecer», «La angustia»: *Estudio de lo visible* (Pre-Textos, 2007).

-«El discurso pasional»: *La sal* (Pre-Textos, 2005).

-«Siesta Estival», «Teoría», «Una fascinación», «El ideal»: *Niños enamorados* (Pre-Textos, 2015).

-«Posibilidades en la sombra»: *Posibilidades en la sombra* (Pre-Textos, 2019).

-«Convivencia (2022)»: *Diciembres iniciales* (Pre-Textos, 2022).

Procedencia de los poemas:

«El gesto utópico», «Chicas de pelo corto», «Preparación para una despedida», «Rechazo», «He tratado de ser leve», «El placer», «Iniciación», «Primer amanecer», «La angustia»: *Estudio de lo visible* (Pre-Textos, 2007).
«El discurso pasional»: *La sal* (Pre-Textos, 2005).
«Siesta Estival», «Teoría», «Una fascinación», «El ideal»: *Niños enamorados* (Pre-Textos, 2015).
«Posibilidades en la sombra»: Posibilidades en la sombra (Pre-Textos, 2019).
«Convivencia (2022)»: *Diciembres iniciales* (Pre-Textos, 2022).

Índice

EL INCENDIO JUNTOS
de Mariano Peyrou
-9/10 de la Colección Capitanes 1-
se terminó de editar y maquetar
por Nautilus Ediciones
en Zaragoza, España,
en abril de 2024.